JN418507

지금, 환승중 입니다

지금, 환승중 입니다

전선용 시집

도서출판 움

시인의 말

이제야 사람 말을 한다.
보지 못했던 것을 보고, 그것들을 옮겨 적는다.
사람만큼 아름다운 것이 없다는 사실과 또 사람
만큼 추한 것이 없다는 것을 알았다.
마냥 주저앉아 있을 수만 없어서 사람을 찾아
손을 내밀기도 주먹을 쥐기도 한다.
광야에서 진심을 외치기 위해 또 한 채의 집을
짓고 허름한 나를 부순다.

2019년 가을
전선용

차례

Ⅱ. 괄호의 의미

Ⅲ. 물컹한 설계도

Ⅳ. 견고한 내막

Ⅰ. 봄날의 옥상

버찌

벚꽃이 낙하하고 얼마 뒤 버찌가 떨어졌다

말하자면 벚꽃은 전조현상
팔랑개비 같은 꽃잎은 쓸려갔지만
버찌는 콘크리트 바닥에 할 말을 거뭇거뭇 남겼다

그들만의 언어로 보도블록에 눌러앉은 종족의 유서들
스타카토같이 찍힌 무성한 말 줄임은
대를 잇는 증표다

잘 살아라,

아버지가 남긴 호흡도
내게 거뭇거뭇 남았다.

뜬구름

한때 꿈을 즐겨 먹던 때가 있었다
과녁을 벗어난 화살이 구름을 관통하면서
산재된 죄들이 유성으로 진다
대청마루에 누워 별을 구름에 싸먹던
청량한 시절은 무구한 별미,
엄마는 아궁이에 장작을 지펴 구름을
정성껏 만들었다
욕심으로 비만한 연기가 굴뚝에서 막히면
정화수를 놓고 빌었고 나는
구름을 깨뜨리면서 행패를 부렸다
구름의 부작용은 그을음,
검정은 비참하거나 비겁한 색깔이므로
별이 없는 하늘은 우울했다
검정을 박피하는데 걸린 오류의 시간들
철들지 않은 무엄한 구름은 구름일 뿐
움켜쥐지는 못했다.

눈을 밟거나 눈에 밟히거나

뭉텅이 눈이 골목길을 지우고 있다
어머니가 드나들다 미끄러질까 봐 현관을 쓸고 나니
이층 주인집 계단이 눈에 밟힌다
이층으로 올라가는 계단을 쓸고 돌아서니
옆집 독거 할머니가 눈에 밟혀
대문까지 길을 낸다
눈은 계속 내려 쓸었던 길을 지우고
술 한잔하고 귀가하는 홀아비가 눈에 밟혀
골목 입구까지 쓴다
무작정 내리는 눈은 내 배려를 지우고
내 눈은 다시 엄마를 밟고 이층집 주인을 밟고
독거 할머니를 밟고 홀아비를 밟는다
밟고 돌아서면 없어지는 길
눈에 밟히는 것들은 눈 시리고
길을 지우는 눈은 하염없이 나를
밟고 있다.

봄날의 옥상

내 땅이라곤 손톱만큼도 없는 지상에서
허공을 딛고 어머니는 빨래를 넌다
영토를 공경하는 마음으로 엎드린 흰머리
위태 위태한 봄은 겨우내 묵은 신경통을 말리고
황사처럼 사라졌다
이렇게 살다 가면 된다는 헛말을 빨래집게로 단단히 물릴 때
구름은 산산조각,
볕에 타들어간다
깨끗하게 빤 옷을 탁탁 터는 것은
허물도 하얘지라는 의식
너풀대며 날아가는 보풀,
가냘픈 소망이 어느 땅에서 꽃망울로 맺힐까
차단기 없는 계절은 바람을 타고 쾌속 질주하고
또 다른 세월은 시위를 당긴다
한 치씩 낮아지는 키만큼
높아지는 허공을 내딛는 까치발

바지랑대 높이를 낮춰줄까

높은 곳을 향한 기도가 일렁대고 있다.

탈치 脫齒

물렁한 크림빵을 씹는데 혀끝에서 뭔가 덜거덕거린다

혀를 굴려 더듬어 보는데
속옷을 입지 않은 아랫도리처럼 휑하다

암은 살림을 거덜내는 병이라
한사코 수술을 거부하던 아버지
크림빵 한 조각을 입에 물고 맴돌리다가 결국
삼키지 못하고 입 밖으로 내밀었다

아무리 단단한 것도 무너질 때
하염없이 부서지는 것을,
아버지 닮아가는 내가
속절없는 것을,

천년 묵은 牙의 화석
이 별을 어찌하나 싶다

차가운 별을 고복하기 위해 손바닥에 놓는데
학명에도 없는 별자리
유성으로 사라진다.

스러지는 것들

스러져가는 것들이 아름다울 수 있다면
나도 서슴없이 스러지겠다
충혈된 붉음이거나 사색된 노랑은
사막을 건너간 꿈
바람은 주검을 독려하고 이기적인 사람들은
추풍을 즐거워하고 있다
선정적인 단풍은 임종이 서러워 붉고
은행은 불경기라 누렇게 폐업 중이다
불난 집 앞에서, 망해가는 식당 앞에서 좋아할 수 없어서
술 한잔 들이켜며 억장을 무너뜨린다
차라리 모두 함몰했으면,

비겁한 기도가 낙엽으로 떨어질 때
빨간 압류딱지는 더 견고해졌다
스러지는 것들을 감탄하는 우리가
일어서는 것에 대하여 어떻게 했는가
상갓집 앞에서 바다를 본 적,

가끔 일어섰으나 곧 주저앉는 파도는

뼈 무른 태생,

순장되는 울음이 곡소리 같아서

망연히 주저앉는다.

치매

거꾸로 먹는 나이

지금은 태교 0세,

곧 태어날

신생 별.

에코다잉*

민들레를 뚫어져라 쳐다본다

피었다가 지는 죽음의 향이 너무 강해서
묵념을,

그래,
때가 되면 가는 거지
오래 살면 추한 것을 너무 많이 볼지도 몰라

민들레가 알아들었는지
뼛가루 뿌리며 홀가분하게 날아간다.

* 무덤이 없는 친환경 장례법.

방추상회*

간판불 꺼진 상점이 폐점 팻말을 내건다
영혼을 호객하는 장사를 정산하면
왜 맨날 적자가 날까
불황의 상점은 우울하다
점포 쇼 윈도우에 걸린 옷이 수의라고 우기던
어느 봄날에,
꽃이 떨어지는 걸 눈물이 떨어진다고
상점 주인은 두꺼비집을 내렸다
보증금도 권리금도 없는 점포에서
꿈에서 본 저승사자가 불꽃놀이를 하는데
상점 불이 꺼졌다가 켜졌다가,
밝아졌다가 어두워졌다가,
망해 가는 상점을 점거하고
푸닥거리하고 있다.

* 방추상회 : 후두엽과 측두엽에 걸쳐 있는 내측 후두 측두회

(medial occipitotemporal gyrus)의 다른 이름, 얼굴에 대한 정보 처리에 중요한 역할을 한다.

이사

우리는 계절을 타는 원숭이입니다
나무와 나무 사이,
놓치면 추락하는 이별입니다

덕수궁 돌담을 따라 피고 지는 것이 꽃만 아니듯
사람도 피었다가 집니다

슬픔이 발효되어 우리가 그리워할 수 있다면
눈시울은 쾌청한 노을,

헤어짐이 영롱합니다

돌담을 지렛대 삼아 꽃대 올린 민들레가
씨방을 터뜨립니다.

어디에서 붙박이로 뿌리 내릴지,

바람이 펑펑한 바다였으면

좋겠습니다.

바지랑대

야윈 몸으로 허공을 버틴 노고가 구름이라면
저 가벼움은 모정이 증발하여 모인 것이다

서로 붙들지 않으면 주저앉거나 스러지는 습성,
심전도 그래프같이 아슬아슬한 고비사막을 건너는
낙타구름은 비를 머금고 있다

바닥에 뿌리가 없다는 것을 알기까지
출렁거리는 허공은 무위

망각의 수평선은 젖고 마르고 젖고 마르고
중심을 잡는 것은 세월이었다

앙상한 다리뼈는 한 생을 버티던 바지랑대
치맛자락을 감아올리는 바람은 건방지게 대들고
봄볕은 가시관이 되어 골고다로 넘어간다.

부고에 답하다

내가 내게 너그럽지 못해 가을이 아프다
당당하지 못한 생의 환승
매연에 만취된 가로수는 노숙의 밤을 열어 붉은 노을을 묻는다
아토피처럼 발진한 그리운 것들
아무것도 할 수 없어 손을 들고 독백을 들이켰다
천대 받았으므로 하늘은 높아지고
소외됐으므로 세상은 울긋불긋하다
집값이 바벨탑처럼 치솟아 땅값 헐한 하늘로 간 그대는
잘 있는가
사랑해 주지 못해서 나무는 헐벗는 중이고 나는
미안해서 떨어진 낙엽을 줍는다
그래도 배부른 돼지는 되지 말아야지
바퀴 달린 낙엽은 제동장치가 없어 굴러가는데
내 기도는 방지턱에 걸려 했던 말을
또 하고 있다.

마지막 선물

- 시신기증

술을 좋아해서 알코올 냄새가 익숙하다
메스가 지나가고 장기 하나가 저울에 가늠될 때
박제에서 빠져나온 내장이 구름처럼 천장에 걸린다
나는 봉인된 두려움을 발라내고
아프지 않을 것이라고 주문을 왼다
스테인리스 도마가 차므로 생각도 냉동되는,
성장이 멈춘 발톱은 마침표다
주물럭대는 인턴 손에서 나는 풋내
스킨 같은 촉감이 해부실에 배면
겁이 없어 간이 부었다고 들었던 말이
식재료가 된다
식감이 타박하다고 적는 차트를 나는
빈약함으로 강인해졌다라고 읽는다
부위별로 맛을 음미하는 미술랭의 미각
발골된 뼈에서 기름진 냄새가 난다
세신사에게 몸을 맡긴 것처럼 나는
손바닥을 칠 때마다 돌아눕는다

어떤 것도 구애받지 않는 상상이 가벼워질 때
콩팥에 남은 오물을 성수로 뿌리고
수술실 라이트는 성호를 그으며 줌 아웃,
치밀하게 꿰맨 가죽옷은 빈틈없어 좋다
뼛가루가 우주에 착상됐고 이제는
다르게 출산할 때.
날개가 달렸으므로
몸이 홀가분해졌다.

목포는 항구다

한 번도 가보지 않고도 부르는 노래가
목포는 항구다
홍어삼합 알싸한 맛 노래 끝에
코 붙들고 울긴 왜 울었을까
불콰하게 한잔 기울이면 세월도 기울어 갔던 목포는 항구
누가 목포를 항구가 아니라고 말한 적 있나
대문 밖에서 홍도야 울지 말라고 달래 주다가
고주망태로 귀가한 아버지
바닷길 몇 리, 고하도 외달도 증도 압해도 암태도 안좌도
병풍도 매화도,
이름이나 다 외웠나 몰라
자잘하게 열린 물길 이 섬 저 섬
경계선 없는 바다 문지방을 닳도록 드나들면서
술로 해루질한 조금 동안 살림이 휑해지는지도 몰랐다
유달산에 달 뜨면 괴나리봇짐 메고
훨훨 달아날 궁리

삼학도 다리 사이로 별이 총총 뜰 때
목포의 눈물인가,
속 깊은 항구에 발 묶여 문드러지는 역마살
뱃머리 끄덕대는 항구가 별처럼
운다.

구름의 사체

추락과 낙하의 기원이 사과라면 나는,
유감스럽게도 사과할 일 투성이다
재난은 오만과 편견,
중력은 허공의 면적을 한 치도 허용하지 않는 철저함을 가진다
빈곤한 늪을 무덤으로 삼은 구름
중력을 거부하는 것은 동력이 있거나
습자지같이 가볍다
우듬지에서 무심하게 낙하한 사과는
어쩌면 사과할 일이 없어 추락한 것인지 모른다
높이와 상관없는 실추가 아파트 옥상만큼 아찔할 때
백지장과 같은 새는 불손한 몸을 접어
날개를 만든다
새를 숭배하는 사람들의 불량한 태도는
신발 뒤꿈치를 접는 버릇,
인재人災는 엄폐를 즐기므로 지하를 선호하고
구름 연골이 녹는 냄새는 부레가 있어

허공을 맴돈다
땅으로 충돌한 사과가 메마른 땅을 기름지게 한다는 사실,
해갈되지 않은 의문의 목숨은 무엄하게 흔들리는
동백 꽃숭어리 같다
이 모든 죄가 바람에 비롯됐다는 것을
땅이 흔들리면서 알았다
한 장의 부고가 내게 도착한 것도
실은 바람 때문이다.

오리털 외투

죽음의 체온이 이렇게 따뜻했던 적이 없다
부풀린 깃털에서 집단 사육의 온도는 영하일지도,
봉제선을 삐져나온 오리가 구름처럼 흘러간다

나는 오리의 영혼으로 무장된 포유류
아버지를 껴안을 때 헐렁한 무게감
충진된 영혼이 내게 전이될 때 묵직한 열을 발생했다

아버지 초상을 치르면서 올챙이국수 같은 눈물만 흘린 건 아니다 생뚱맞게 웃기는 얘기가 생각나 울면서 웃은 적, 미친 놈 소리 들을까, 그때 더 크게 울었다
슬플 때 우는 것은 슬퍼서가 아니라 슬픔을 참으려고 우는 것
죽은 오리의 슬픈 발인
푹신한 오리의 울음이 간지럽다

민들레 씨처럼 하늘로 솟구치는 무덤의 눈가루

내가 죽어 누구를 따뜻하게 해 줄 수 있을까

죽어서 가벼워진다는 것보다 실감 나는 것은
우리의 기억이 따뜻했다는 위로의 말이다.

환승

암울한 시간이 동굴처럼 막막해서
시계부속이 오류를 일으키며 째깍거립니다

나는 가고 너는 오는 다리 위에서
고독이야말로 죽기 좋은 명분
가장 어둡고 밝은 교차로 0시
도시가 벚꽃처럼 집니다

밝아올 아침은 흐드러진 꽃 따위와 상관없어
어제까지 막장 드라마를 보았고
클라이맥스가 뻔해서 슬프게 웃었습니다

소주 뒤 병을 들이켠 민낯이 벌겋게 달아오르고
기척 없이 다가온 호명에 고개를 숙입니다
안온한 죽음을 부르는 꽃비가 계절을 덮을 때

짐승이던 내가

비로소 사람 말을 합니다.

나는 이제,

순탄할 뿐입니다.

껌딱지

아침에 본 노인이 저녁 무렵에도
오뉴월 매미처럼 계단에 딱,
붙어 있습니다

경비원이 와서 노인을 일으켜 세우려고
애를 씁니다

땅에 붙은 엉덩이를 억지로 떼어내는데
슬픔이 쭈우욱 늘어납니다

단물이 다 빠졌으니 누군가 툭,
뱉어 놓고 간 모양입니다.

II. 괄호의 의미

풍향계

바람을 채집하는 일이란
부딪쳐서 깨지고 순응하는 겁니다
그대 쪽으로 흐르는 바람의 발원지는
내 심장입니다
속력만큼 떨리는 꽃의 감정이
신발 밑창처럼 이빨 세우면
온순한 꽃대는 뿌리째 흔들립니다
비상등처럼 쿵덕대는 심장,
편서풍은 굴곡지고 빈혈 같은 밤은
불면입니다
바람에게 목적지가 있다면 적멸,
그대 가슴일 것입니다
화살나무가 시위를 당겼고
나는 맞을 준비가 되었습니다.

끌림

가을에 밟히는 건 낙엽만이 아니다

눈에 밟히는 사람

줄도 없이 이끌려서 가다가

낭떠러지에 떨어져도 좋을 사람

변절이 난무한 계절에도 필 것은 피고

남을 건 남았다

뭐가 뭔지 알 수 없는 끌림

낙엽이 꽃으로 보이는 건

아무래도 이상한 일

아이 같은 어른이 꽃에 끌려가는데

아무래도 위험한 일.

동사적 이별론

한껏 늘어난 고무줄이 임계점에 이르면
고무줄은 생물이 된다
바람을 폭식한 풍선이 난폭해지는 것이나
고무줄이 끊어지면서 생기는 관성은
움직였으므로 동사,
가을이 갈로 함축될 때 이, 별別의
원죄는 피보다 진하다
소실점을 동사로 명명하면
죽은 그리움을 우물에서 건져낼 수 있을까
아토피에 걸린 별이 고무줄처럼 늘어지면서
죄의 색상은 점점 감렬해진다
해학적인 단풍을 보고 깔깔 웃는 소녀
동사를 빈정상한 수식어로 포장하고 떠난 애인의 등에
음모가 만개했다
그러니까, 움직인 것은 무조건 동사라니까?
상갓집에서 내 신발을 신고 간 사람도

영혼이 움직였으므로

동사다.

간
間

언젠가 헤어질 사람이기에 애절한 것처럼
언젠가 지고 말 꽃이라 화려하고 아름답습니다

피는 것과 지는 것 사이 만남과 이별 사이, 책갈피처럼 끼어든 눈물은 감정의 육면체입니다
주사위를 던지고 요행을 바라는 숫자만큼 사랑을 관조하는 마음은 퍼즐입니다

틈이라고도 부릅니다

짧거나 먼 거리입니다

가을은 열대야 사이를 비집고
그대와 나 사이에
있습니다

안녕하냐고 묻는 질문 사이엔

괴로운 행복이 존재한다고 대답합니다.

불면은 나를 좋아해

자다 말고 일어나 앉은 것은
환청으로 들리는 호명이 깊었기 때문이다
네 생각처럼 내 마음은 별 모양
발갛게 물들어가는 그리운 농도가
머리맡 백열등 같다면
불경한 가을이라도 나는
웃을 수 있겠다
빗장 풀린 가을은 질풍의 계절,
죽은 자는 냄새를 알지 못하나 나는
살아 있으므로 향기를 느낀다
섬뜩해지는 공기 한 줌에 새벽이 불끈,
빗물 같은 생각에 심장이 젖으면
곧 파래질 하늘은 로데오가 될 것이다
그리워하다가 죽을 계절은 환한데
눈뜨고 너를 바라보는 불면은
야심하여 깊다.

명자꽃

눈에 넣어도 안 아픈 지지배가

부스럼으로 불거진다

건널목 빨간 신호등

도로 건너편 거리만큼,

깜빡깜빡댄 거리가 삼십 년

명자야 부르니 눈시울 붉어지고

눈 몇 번 깜빡거렸을 뿐인데

삼십 보 거리가 천리다.

능소화

기다림이 가려워진다
어디까지 왔을까
뒤통수를 긁적긁적,

에이, 아직 오려면 멀었네

하지 해는 목을 빼고 서산을 기웃대는데 나는
먼 산에 눈을 던지고
가렵지 않은 이마를 긁는다
보고 싶은 사람아,
어디까지 왔니
또 이마 한 번 긁고 점을 치면
눈시울이 발그레
능소화 핀다.

이명

내 귀는 가을입니다
귀뚜라미가 울고 가면 나무 이파리들이
자지러집니다
농성하던 단풍이 흘린 피는 어쩔 것이며
은행이 흘린 고리 이자는 어쩝니까
살기 팍팍한 가을은 빈혈이 도지는 계절,
건조한 내 귀는 이별입니다
별別이 습관적으로 말간 하늘에 뜨면
편두통은 변명이 됩니다
사람들은 하늘이 높아졌다고 하는데
내 머리는 자꾸 낮아집니다
듣고 싶지 않아도 들리는 소리
달팽이가 귀를 갉아 먹으며 느릿느릿
고독을 기어갑니다.

나무의 성격

서로 등을 내주는 나무는 온순합니다
우리는 가족입니다
나무가 불화 때문에 요란한 적 있습니까
비가 오지 않아 사막화 된 것이 아니라
숲이 없어 외로운 겁니다
어린 나무가 물 보채는 소리
소소한 재재거림이 향으로 번집니다
간밤 소나기 성화는 영혼이 맑아
아침 이슬로 똘방하고요
산통 중에 있는 굴참나무
청설모 다람쥐가 정수리를 타고 넘어도 다 받아줍니다
무허가 새 둥지를 품어주는 여유는
그들만의 미덕이기도 하지요
이웃의 정입니다
굴참나무 자손들은 기름진 땅이
모두 입양할 겁니다
우리들의 미래인 셈인데요,

벌써 바람을 가지고 장난칩니다
햇살이 쏟아지는 우듬지가 대범한 아침
하나같이 마음도 너그럽습니다.

별別이 빛나는

나타샤를 태운 흰 당나귀는 길상사로 갔고 나는
백석역에서 전철을 기다리다가
자야 같은 그대를 그리다가
뜨문뜨문 한숨을 풀어놓다가
못내 벌건 대낮에 술잔을 듭니다

사랑이 무슨 죄랴
술잔에 찰랑대는 별무리
비몽悲夢일까 악몽惡夢일까
가을 뙤약볕에 농익은 그리움
마셔도, 마셔도
취하지 않습니다

오지 않을 자야 같은 그대라서
백석역에서 마지막 전철을 기다리다가
처음처럼 외로움을 곱씹다가
드디어 이놈도 미쳐가는지

보는 것마다 나 같아서 술 한잔 기울입니다

괜찮다, 괜찮다 하는데도
코끝은 자꾸 찡해집니다.

합선

등골을 타고 흘러내린 눈밭을 맨발로 걸었지
햇눈이었을 거야
부러진 갈빗대에 바람이 드나들어도
하하 호호 웃을 수 있었던 건
누전된 언어에 감전됐기 때문이지
심장으로 흐르는 동맥이 합선되면서
선지처럼 응고된 피,
말에 전기가 흐른다는 사실을 알고 난 뒤
매일 전기 고문이었다
차단기 없는 심장에서 과부하 걸린 이름을 부르면
고압 전류가 흐르지
고독과 외로움의 접점에서
정전기가 일어난다는 사실,
케이블 피복이 벗겨지면 전류는
머리 끝 송전탑에서 불꽃을 일으킨다
이러다가 죽을지도 몰라
두려운 합선,

까맣게 타버릴지 모를 전류가

혈관을 타고 마구 돈다.

페튜니아

음란한 향기는 미워하고 싶은 그리움이 있죠
오줌 지릴 것 같은 금단 현상,
가지런한 햇빛이 도열한 봄날, 단아한
페튜니아에 저릿한 치정이 얽혀 있어요
손등에 박힌 불똥은 기억하고 싶지 않은 문신인 걸
봄볕에 데어 본 사람은 꽃의 중독에 대해 잘 알죠
꽃대를 손톱으로 찢으면서
흡입한 꽃향기의 부피를 생각할 때
환각이 꽃비처럼 내려요
내장 곳곳에 흡착된 향기는 지우기 힘든 버릇이란 걸
몸으로 체득한 개화는 꽃샘추위에도 아랑곳없네요
거리와 상관없이 끌어당기는 인력,
들쑥날쑥하다는 것이 문제라면 문제죠
잊을 만하면 불거지는 그리운 욕구
인화성 강한 꽃내음이 화약처럼 번지면
스읏, 그녀의 허리를 더듬을 수밖에요
혀 같은 감촉이 목구멍에서 물컹,

그걸 어찌 잊겠어요.

성산포에서

바닷새들이 말줄임표를 떨어뜨리는 일몰
조약돌처럼 가라앉은 묵음의 부호는 부레가 없어
떠오르지 않았다
폭우가 압정처럼 바다에 꽂힐 때
과자부스라기 같은 등댓불은 고기 밑밥으로 뿌려졌다
나의 기도는 뭍으로,
빗장 풀린 빛들이 오름을 오르다가
유채 향기에 수장됐다
선착장에 접안한 욱신대는 사람의 열병
성당의 종소리가 별別을 불러내면
맥없이 동강난 분필 같은 약속은 총소리로 들린다
바람에 색깔이 있다는 것을 알았을 때
블랙야크처럼 들이치는 파도는 등댓불을
서슴없이 먹어 치웠다
졸린 눈꺼풀처럼 가늠할 수 없는 무게
너울성 이별은 무겁다
말문을 잃은 별이 바다에 떨어지고

성산포는 암연黯然처럼

굳어가고 있었다.

자작나무

자작자작 잎사귀가 졸여지고 있다
된장찌개처럼 졸아붙은 애간장
떠나갈 사람이나 떠날 낙엽이나
바싹 타들어가는 것은 쓸데없는 감정인 것을,
벌거벗은 허점에는 떨림이 있고
웅성거렸던 가을에는 속울음이 있다
뿌리가 동면하는 동안 나는
덧난 상처를 다스리는 법을 배울 것이다
오지 못할 길이 어디 있단 말인가
땀구멍으로 스민 한기가 간헐적 공복으로 소금산을 이룬들
가고 없는 것은 또 오고 말 기다림
세월이 자작자작 졸면서 별은 사위어가고
겨울은 또 한 번 길게 눕는다
나이테가 간극을 좁히며 조용하게 여물어갈 동안,
천천히 깊어가는 묵상
달팽이관에 떨어지는 찹쌀떡 외치는 소리가

완행열차처럼 길다.

쿼바디스 도미네

소리 없이 다가오는 것들에 대해
경건하게 무릎을 꿇어야 한다
사랑이 그렇고
이별이 그렇고
죽어가는 오늘이 그렇다
가벼움에 흔들리는 세상 모든 것을
용서하고 비난을 속죄해야 한다면
사거리에서 팔 벌려 기도하는
우는 범하지 말아야 한다
아무것도 아닌 것들이 아무렇게 빗장 열어 나를
개복할 때
최초의 순전함은 가을 들녘처럼 황량하다
해로운 것보다 이로운 소식이 더디듯
내가 소망하는 모든 것은 구름처럼 자적하고
그리움은 기습적이어서 얼음장이다
향방 없는 바람이 그대인 것을,
사막의 낙타는 모래바람을 두려워하지 않는다

쿼바디스 도미네

안부를 물어도 대답 없는 계절은 골고다 언덕을 넘었고

갈 곳 모르는 직감은

온기로 따스하다.

홍매화

저것은 피 뿌림이다
눈이 어두워 빛을 보지 못하는 자들을 위해 피는 꽃
눈을 감으면 어룽대는 그림자가
체온을 남기고 간다
우리가 죄 아닌 적 있었나
함부로 나부대며 뭇치마 들추는 바람도
추한 것을 감추고자 세상을 덮는 하얀 눈도
죄 아닌 적 없으니,
선혈 낭자한 꽃잎이 처연하도록 아름다운 것은
어찔한 사랑 때문이다
이듬해 또 뿌려질 거룩한 만개
살얼음 깨친 눈부심에 순식간 소멸될 욕망과
숙연해서 눈 뜨지 못할 동면은
붉은 죄,
지난한 겨울이 가지에 걸린 육신이라면
뼈대 세운 햇살은 나의 폐부를 찌르고 말 일이다
홍매화가 온몸으로 죄를 불사를 때

툭툭 불거지는 맥박

숨쉬고 있다고 다 살아 있는 것은 아니듯

선문답처럼 주고받는 개화에 나는,

내장을 화르르 쏟아낼 수밖에.

괄호의 의미

내밀하게 움직이는 나의 동선입니다
기도하는 손에 생기를 불어 넣고
바다 같은 망막에 별을 주워 담습니다
별로 물수제비를 떠 본 적 있습니까
소금쟁이 달음질처럼
내 족적은 그대를 향해 퍼져갑니다
꽃술에 숨어드는 수줍은 감정은
늦가을 서리로 젖어 들고
입에 척척 감기는 이름을 어금니로 씹으면
동맥은 피를 멈춥니다
옹벽처럼 단단한 지문을 부수기는
하루가 짧은 철옹성
꽁꽁 동여맨 말이 풍선처럼 부풀어도
월담으로 넘을 수 없는 고백은 입속에서 번집니다
감정을 괄호 밖으로 내보내는 것은 무례함이라서
가시 걸린 목구멍에서
절제된 기도가 자랄 뿐입니다.

Ⅲ. 물컹한 설계도

은행을 바라보는 시각

퍽, 터지는 무상 대출
담보 없는 노란 동전이 우박처럼 떨어진다
월셋방을 전전하던 내겐 은행은 마천루
무담보 무이자라니,
숙성된 가난이 신발에 밟혀 냄새가 난다
돈이 있어도 그만,
없어도 그만인 사람이 있을까?
은행이 때깔 고운 지전을 무상으로 환전할 무렵
하늘 등걸에 걸려 있던 구름도 비늘을 털어낸다
단풍나무는 안다
돈을 저렇게 뿌려대다가는 살림은 순식간에 거덜나고
피눈물 쏟게 된다는 것을,
겨우내 오소소 떨어야 한다는 것을.

그러므로, 낙타

살다 보면 가고 싶지 않아도
가야 할 길이 있다는 것을,
약속의 땅은 모호해서 순례의 길이
지리멸렬합니다
물컹한 구름은 거칠고 채찍 같은 바람은
일몰로 지고 있습니다
무리에서 떨어진 누를 본 적 있습니까
길 아닌 길 위에서 떨고 있는 내가,
고요한 농성이 웅숭깊어
묵직해집니다
비위 상한 가난은 결빙되어 뼈같이 단단해지고
치석처럼 쌓여간 불신은 미움이 되었습니다
어금니에 낀 사랑이 고비사막 같아서
어제는 밥 대신 술을 마시고
오늘은 술 대신 기도를 듭니다
길 아닌 길 위에 서서 가지 않으면 안 될 약속이
벚꽃처럼 얄팍해졌습니다

망망한 세월은 막중한 역기입니다

들었다 놨다

올렸다 내렸다

길은 내내 오르막길

길 아닌 길은 평평할 길 없어

낙타등으로 굽었습니다.

폭설

잔소리가 이만저만 아니다

금세 푹푹 잠기는 세상 것들

까불다가 식겁하고 있다

하긴 하느님도 많이 참았지

달콤한 잔소리는 고분고분하게 들어야 한다

술 먹느라 늦게 귀가한 죄

스리슬쩍 거짓말한 죄

남을 험담한 죄

그래도 내 새끼라고 허물을 덮어 주시는 아량

죄가 많을수록 잔소리가 두툼하다.

신년 新年

의미를 부여하는 과정이 삶이라면

나의 전신은 타투의 흔적이다

고통이 점철된 바늘 자국으로

육신의 여백이 없어질 때

영혼은 광활한 무덤,

고루한 집착은 죽었고

형이상학적 질문에 대답할 일만 남았다.

백지수표

0과 무한대 사이면서, 생과 사의 틈
백짓장의 무게는 삶의 무게와 비례한다
숫자는 번식력을 가졌다는 사실,
손에서 떠난 백지는 가벼웠으므로
바람을 탈 때마다 복리로 부푼다
굴려서 커지는 건 눈사람만 아니듯
0과 무한대 사이 어디쯤
시퍼런 과오가 떡고물처럼 붙는다
수표에 찍은 도장이 멍 자국 되고 나서야
백지 한 장의 무게가 천근만근인 것을,
남자가 함부로 내돌리지 말아야 할 것은
아랫도리만 아닌 것을,
백지에 배설한 서명이 핏대 올릴 때
소변금지 가위는 내게 목을 겨누었다
눈으로 뒤덮인 가난한 평화
밤새 눈이 내려도 나는,
흰 눈을 밟지 못하고 바라만 볼 수밖에.

전단지

바람 불어 정성껏 떨어지는 벚꽃을
누가 함부로 밟는가
전철역 앞에서 벚나무 몇몇이
무거운 생을 깃털처럼 날리고 있다
시간당 떨어지는 꽃잎의 가치는 얼마일까
함박 달렸던 꽃의 추락
행인들이 잠시 받았다가 버거워 던지는
가난한 중량은 돌덩이보다 무겁다
나는 꽃잎 하나를 주워들고 나무가 보이지 않는 곳에서
식어가는 나무의 체온을 느낀다
언덕을 오르는 내가 전단지였음을
옅은 바람에도 흔들리는
흔들바위였음을.

꽃등심

죽고 나서야 아름다울 수 있다.

삶의 내력을 꽃으로 새기다니,
선혈로 써 내려간 비망록에는 건초의 얍삽함이 녹아 있다

인간에게 바치는 희생 제물,
소는 왜 죽어야 하는지 알고나 있었을까?

내가 먹는 밥 한 그릇도 혈의 내력이 있어
꽃봉오리로 맺힌다

죽어서 꽃이 된다는 것은 심히 성스러운 의식,
심장에 문신을 새기는 일이다.

시인

안과 바깥의 온도 차이가 너무 컸어
육체와 영혼이 분리되면서 생기는 결로 현상
우리는 이것을 눈물이라고 해
참는 것과 하고 싶은 말을 압축기에 넣고
악어처럼 살았지
가령, 체면이란 게 없었다면 어땠을까
부풀어 펑펑한 것을 압축하고 비좁은 냉장고에 들어가지 않아도
상하지 않았을 거야
냉동된 고깃덩어리처럼 딱딱한 사유
그것을 고집이라고도 하고 자존심이라고도 말하지
부위별로 해체된 과거를 보면서
푸줏간 칼이 생각났을지도 몰라
뼈를 발라내는 통증은 오르가즘
눈물도 전염성이 강해서 자꾸 등을 어루만져
아직 덜 살아 봐서,
결빙된 눈물이 남아서

슬퍼지려고 해
詩로도 녹이지 못하는 얼음덩어리 생을 술로 녹이는 시인은
따뜻한 시체
지금, 렌지에 나를 넣고 해동 중
아이스크림처럼 달콤한 눈물이
맛있어.

봄을 재건축하다

봄바람이 불면 벚꽃만 피고 지는 게 아니다
밑단 풀린 달빛이 너덜대는 골목, 누군가
집을 흥정하곤 해머로 재단하고 있다
다 닳은 골목은 늘 이런 식,
수선집에 맡긴 바짓단처럼 잘려나간 봄은
구름 몇 조각을 덧대도 헐렁하다
길고양이도 영역을 잃어버린 건축의 반란,
봄이란 게 그런 거라고 해두자
배냇저고리 같은 목련이 옷고름 푸는 것도 잠시,
억수로 치솟는 집값에 감나무 밑동이 잘려나간다
털어낸 구옥 기왓장 밑에서 해묵은 비사秘事는
뭐 좋은 일이라고 허물어질 때마다
꽃구름처럼 잘도 핀다
식당을 하다가 말아먹은 김 씨가 전세금을 빼먹고 월세로 갔고
노총각 이 씨는 눈사람처럼 고독사했다
드라마틱한 감정이 벽지곰팡이로 파다하게 번진

골목 4번지

봄을 재건축하면 시세 차익은 얼마나 날까

가난을 허문 자리에 필 꽃은 피고

질 꽃이 질척하게 지고 있다

계산기를 두드리는 건축주 만면,

봄물 들어 화사해진다.

덕장의 밤

풍찬노숙에 살얼음이 끼었다던가 말았다던가
녹았다 풀어지는 사이에 위험한 언쟁이 틈을 메운다
너는 고래가 아니야 ,
멱살 잡고 살기를 뿜어대면
한때 태평양에서 침 좀 뱉고 놀았던 허풍이
피데기처럼 꾸덕해진다
뭍바람이 바닷바람을 밀어내는 덕장
깊숙이 몸을 밀친 방가放暇타령에
타락한 소음이 짭짤,
인생을 좀 살아 본 사람이면 다 아는 맛
레시피는 없지만, 대략 비슷한 맛을 가졌다
어디서 무엇을 하다가 이곳까지 흘러왔을까
부유하며 떠다니는 것들에 대해 고향을 묻는 건 실례다
밀물 썰물이 들고나면서 맞는 풍,
바람도 자주 맞으면 까맣게 광이 나는지,
발바닥이 반짝거린다
어둔 덕장에 날갯죽지 탈골되는 소리

솎아낸 내장이 풀어져

냄새가 탁해진다.

최후의 주거지, 고시텔

솜이불 같은 몸을 압축했다

진공 되지 않으면 우주미아가 될,
며칠 굶은 낙지가 다리를 접고 부럿*으로 들어간다

펄은 그래도 살 만하다는 것

칼잠은 감옥에서나 가능한 줄 알았지
흐물흐물한 연체동물은 죄가 없는 것이 죄다

불 맛을 아는 것들은 본능적으로 굴을 파고
잠은 견고하지 않으므로 통아저씨처럼
상자로 들어간다

횃불을 들고 해루질하는 갯벌은 엄숙했고
부럿은 협소해서 정숙하다

해무가 부럿을 덮칠 때
밤의 안식이 조마조마하게 확대됐다

인생 고시에 낙방한 꼴찌가 꽁무니를 뺄 때
들것에 실려 나오는 별

가난해서 그을음 투성이다.

* 부럿 : 낙지 숨구멍. 낙지가 구멍이 2개, 3개 있어서 숨을 쉬고 있어야 하는데 위장하기 위해서 만든 숨구멍.

전과자

별이 소낙비처럼 내리는 꿈을 꿉니다

파장이 클수록 정열적인 빛은 기가급

꼬리에 꼬리를 무는 것은 불운만일까요?

폭발하는 빛의 입자

형용할 수 없는 파열음이 벌겋게 코로 쏟아져

고개를 뒤로 젖힐 때

감각적인 눈물이 흐릅니다

뒤통수를 맞고 눈에서 번쩍거리는

별은 아름답지 않은 법

허공에 피는 꽃은 명이 짧은 족속

똥별 몇 개를 단 나는

뭐달린 전과자입니다.

우상향

수감번호를 먹어치운 철문 안에
두부모처럼 잘린 햇살이 들이치면
창살은 내 몸을 가르는 칼이 됐다

아직 결산하지 못한 미결의 생
크레바스에 빠진 죄가 묵직해서
철문 닫히는 소리는 단두대에서 칼이 떨어지는 것 같다

퇴로가 없는 감옥에서 찬송가를 부르다가
반야심경을 외우다가 대답 없는 신을 호객하면
춘삼월 벚꽃은 시도 때도 없이 흔들렸다

어깨에 별을 달았으므로 오늘부터 나는 외계인,
이퀄라이저 같은 삶에 대해
몇몇 수감자들은 별을 말하고 있다

화성인간끼리 별의 무게를 가늠하는데

무중력을 벗어난 형량은 가난 때문에
막연하게 떠다닌다

이제 상종칠 일만 남았다고,
겨울이 너무 길다고 속옷을 껴입을 때
죄의 신열은 우상향했다

이자를 내기만 했지 붙기는 처음
바닥을 쳐 본 사람만 아는 영치금 계좌에서
별일이 생겼다.

명태 혹은 명퇴

불경기 동안,
모든 것은 저녁 빛처럼 야위어 간다
지하철 손잡이에 걸린 몇 손씩의 손
두름진 욕망의 깍지를 풀지 못한 손을 부를 때
나는 명태 같은 명퇴라고 말한다
내장을 솎아내고 가장으로 불리기까지
한시도 바람 멈춘 적 없는 무덤 같은 덕장을
아침저녁으로 드나들었던,
세월에 몸비늘이 조약돌처럼 반들거려도
연옥 같은 세상을 살아갈 수밖에 없었던 명퇴는
한때 태평양을 누비던 물 좋은 명태다
새벽 댓바람에 구안와사 걸린 안면을 보라
지독하게 산 생물학적 가장의 표정
코가 꿰어 찜으로 구이로 그리고 포로,
취향대로 지지고 볶인 저들은
숯처럼 사위어 가는 번제물이다
얼어붙은 몸을 녹이러 들어간 동태탕 집에

불쾌하게 저무는 저녁을 들이켜는 실직자들
봄은 올 듯 말 듯 머물기만 할 뿐
사계절 내내 겪는 한파였다.

노곤한 전철이 한강을 건널 때
승객 머리가 인형처럼 흔들렸다
합정역에서 한 무리 졸음이 쓸려나가고 미처
빠져나가지 못한 잠들은 회개의 강을 건넌다
가시덤불 같은 밤을 지새우고 남들이 출근할 때 퇴근
하는 죄
잠들어 있어도 깨어 있는 엄숙한 기도
영성 깊은 노무자의 단잠은 짧고 깊다
꿀맛 같은 잠이라는 표현은 이런 데 쓰는 것이 아니다
읍소가 몸에 밴 허리는 등받이를 외면하고
노동의 중력 때문에 머리까지 조아렸다
그냥 두면 목이 부러질지도 모를 일
차창을 가로지르는 햇살이 부목을 대는 동안
당산역도 지나고 내려야 할 영등포구청역도 지났다
제때 내리지 못한 실패는 외면하고 싶은 부끄러운 과거
집도 날리고 풍비박산 난 살림
기초수급자가 된 지난한 역사를 정차 안내판은 꼼꼼하

게 집는다

비우고 채우면서 탈선 없이 돌아오기까지
못 잤던 잠을 잘게 토막 내고 있는 수면,
꿈은 꾸라고 있는 것이다
조곤조곤 밟고 지나가는 외판원 호객이
현처럼 들리는데, 자면서도 깨어 있는 생각
반성은 큰 소리로 외쳐야 하는구나,
죽비처럼 내리치는 쇠바퀴 소음
레일에 버무려지는 용서가 귓불에 쌓여간다
기도도 더 웅숭깊어지고 있다.

물컹한 설계도

벚꽃처럼 가볍다고 날라리라고 부르면 나는
민들레 씨라고 맞받아칩니다
내가 가고 싶은 데로 갔고
주저앉고 싶을 때 주저앉았을 뿐,
꽃숭어리는 오지에서 개성 있게 핍니다
안전장치가 없어 위험천만한 구름
부푸는 것은 꿈이거나 망상입니다
허영 같은 구름은 틈이 많고 하자투성인데요
구름을 의심 없이 밟으면 추락하는 겁니다
부실공사는 언제고 탈이 나겠죠
우아하게 떠다니는 구름은
실상, 바퀴벌레 발입니다
모호한 것들은 손으로 잡아도 미꾸라지처럼 빠져나가는 습성이 있습니다
소망이 그런 겁니다
꿈은 어디로 갔을까요
내밀한 여자 마음처럼 함부로 속을 보여주지 않는 구름

그렇다고 놓칠 수는 없지 않겠습니까
놓치는 추락은 좌절이 됩니다
넝쿨은 벽에 기대 허공을 깁니다만, 나는
게르를 짓습니다.

노해길

서울 강북구 노해길을 가면서 생의 널따란 들판을 생각한다

평평할수록 보이지 않는 장애물

납작한 평야에 크레바스가 복병처럼 엄폐된 나락은

제동장치가 없어 가속이 붙는다

내가 낮아졌으므로 하늘이 천천히 보이고

낯선 가난이 비행운을 그으며 지나갔다

평지는 조급하지 않아 달은

한쪽 방향으로 천천히 굴렀다

내가 기운 건 지구가 기울었기 때문

자전하는 모든 것들은 빈혈이 있어 스러졌다

양지에 밟힌 그림자를 공손하게 받들고 동사무소로 갈 때

펑크 난 자전거 타이어가 절룩,

체인 빠진 실직도 덜컹댄다

일억 육천만 광년의 빛의 무게는 잠깐 축적된

빛 에너지보다 작다는 것

이자가 새끼를 치는 것으로 보아선
돈은 생물이다
압류 딱지 같은 울긋불긋한 가을과
백지수표 같은 겨울에 오소소 떨었던 불면의 시간
방전된 생각이 정전기로 일 때
낮달이 굴러와 내 등을 민다.

호명

별이 석류알처럼 흩어지는 새벽은 도떼기시장이다
역기 같은 오늘이 바닥으로 가라앉을 때 나는
너무 가벼워서 구름처럼 떠다녔다

죄인도 아니면서 고개 떨군 반성의 시간
읍소에 익숙한 모범적인 자세가 을의 습관이라면
추운 날 손을 모으는 것은 당연하다

인력사무소에서 호명하는 이름 사이에
싸늘한 눈치가 허공을 빠져나가고
흑싸리껍질 무등록 이름,
묵직해졌다

어차피 출역을 하지 못할 바에 비라도 펑펑 내려주길,
나의 권주가는 비겁했다
비겁한 것들은 대체로 쉽게 증발한다는 것
술이 그랬다

휘발성이라 금세 잊는 슬픔
진통제를 먹은 것같이 가라앉는 기억은
몽환적이다

타인에게 불리는 이름이 닻 같아서
머리 숙이고 개처럼 정박하고 있는 것이다.

Ⅳ. 견고한 내막

말

편자를 갈기 위해 집중해야 하는 감정은
풀무가 불어 내는 바람처럼 뜨겁다
뒷발의 성향은 공격적이므로 조심할 것
말머리부터 꼬리까지 무기라고 전해지는 충고는
마방의 전례,
좀처럼 드러나지 않는 말의 표정을 읽어낸다는 것은
난해한 시를 보는 것 같다
발주대를 차고 나가는 말의 습관적인 행동과
길길이 날뛰는 층간 소음,
도시는 고삐 풀린 말을 길들이지 못해 시끄럽다
오늘 밤 로데오가 거침없는데
누군가 말발굽에 치일 것이고
곧 부고가 뜰지 모른다는 불길한 예감이
예상지에 기록됐다
낙마한 기수가 응급실로 뛰어가고
또 한 번 총소리를 듣는다.

투쟁의 방식

봄의 프롤레타리아 민들레
날마다 혁명을,
노지의 노동자는 생각한다
항쟁의 구호가 가벼운 이유를,

바닥을 기면서 익숙해진 흙냄새
틈을 비집는 노동의 날갯짓으로
안착하자마자 꽃샘추위다

꽃다지나 민들레는 찢어지게 가난한 빛깔
궁색한 빈혈 때문에 앞이 노랗다

귀밑에 반창고를 붙여도 멀미나는 행진
분신을 하고 뿌린 뼛가루에서 봄보다 겨울 냄새가 짙은데,
앉은 자리에서 산화한 저 불꽃을 뭐라고 명명할 건가

거인들 발자국은 깊고 선명해지는데
흐리게 흩어지며 소실점으로 사라지는 아우성들 ,

말보다 행동이 앞선 민들레
어느 사업장 앞에서 삭발하고
추운 봄을 사르고 있는가.

말더듬이

한 문장을 읽으며 자음 모음마다 쉼표를 찍는다
문장을 더듬어야 하는 역사는
나의 사관
가독성 떨어지는 발음은 도마뱀꼬리처럼 잘려나간다
기름종이처럼 말을 잘 하는 친구가
앞서 달렸으므로,
꽃 피기 전에 새장에 갇혔다
나의 말머리가 울대를 빠져나오면서
이 이 이 있잖아… 혀 혀 혀 혀ㄱ…며ㅇ을 말하는데,
그 사이 친구들은 교문 밖에서 구호를 외친다
이미지를 너무 확대하면 깨지는 것처럼,
혼란스러운 입에서 나오는 발음은
이빨 사이로 비겁하게 숨기 바빴다
촛불은 다 타버렸고 도시는 아직 동굴,
나는 주먹을 한 번도 쥐어본 적 없어
곧게 펴고 죽은 손이다
용기가 없어서가 아니라

그냥 비겁했기 때문이다.

접의 소견

- 남북회담

부러진 나뭇가지에 다른 종을 접붙여요
새들은 생소하겠죠

부르튼 옹이는 나무의 이빨이라고 볼 수 있습니다

원래 우리는 한날 한시에 태어난 샴쌍둥이
몸은 하나지만 성격은 다릅니다

부작용이라고 꼬집으면
관점의 차이라고 대답합니다

감기에 걸린 바람은 전염성이 강하고
한목소리로 기침할 때 지구가 들썩거립니다

접이란 것이 수혈 같은 거죠
프롤레타리아 피라고 나쁜 것만 아닙니다

접도 접 나름이죠
콧대 높은 독수리와 매독에 걸린 매화를 접붙이면 변태가 될 게 분명합니다
습성의 부작용이니까요

탁자에 앉아 심장을 꺼냅니다
진심을 보여줄 땐 이만한 게 없죠
먼지도 별로 보일 겁니다

포식자 독수리는 고구마 섬에서
번식하면 좋겠습니다

장사를 잘하고 못 하는 건 언술 탓인데요
접은 아무래도 같은 피끼리 붙여야 후유증이 없습니다

왠지 모르게 내 피가 자꾸
뜨거워지고 있습니다.

독종

흡입력 좋은 입으로 무형의 죄를 먹은 사람들이
노을을 보고 아름답다고 말하는데요
사실은 지구가 편도염 때문에 목젖이 부은 겁니다
노동자 임금을 빨아먹은 빨대가
어쩌면 저렇게 당당하게 떠다닐 수 있을까요?
속이 빈 것은 요란합니다
빨리 취하고 싶은 사람은 소주를 마실 때
빨대를 꽂기도 하지요
취하면 눈에 보이는 것이 없어
불법에도 과감해집니다
고래가 죽었다는 보고서를 먹이사슬이 바뀌었다는 말로 이해하면
포식자가 빨대인 것을 알게 됩니다
빨대가 독해지면 끝을 벼리고 막 달려드는데요
한 구의 고래 시신이 해변으로 떠밀려올 때
지구 목구멍은 원숭이 똥구멍이 됩니다.

감기

고양이가 담을 넘는 것이었어. 알약을 삼키며 생각했지. 뱀 아가리에 들어가는 기분, 거긴 산소가 희박해서 곧 죽고 말 거야. 바이러스는 죽은 자에겐 살지 않는다지. 세균에게 죽음을 가르쳐 주자. 소문을 입에 달고 재잘대는 좀비, 왁자한 농담이 혈관을 막아버린 거였어. 독촉장은 언제나 위협적이다. 채권자처럼 들이닥치고 주인 행세를 하는 것이 매독을 닮았다. 굿판을 벌여 볼까? 저 무례한 침략자는 헛소문을 퍼트리기 일쑤야. 불운은 겹친 데 겹치는 다중 추돌, 빙판길을 만나면 슬슬 기어야만 한다. 대추나무에 연 걸린 것처럼 무리 짓는 걸 좋아하는 놈들. 그리고 우리는 마스크를 착용한다. 불신이 다보탑처럼 높은 저 콧대 좀 봐.

바람 깊어 상처 깊은
- 제주 4·3의 편린

영문도 모르고 영문靈門을 떠난 사람들
바다에서 피비린내가 난다
저녁 무렵이므로 더 짙은 핏빛 하늘
평평한 무덤 앞에 제를 올린들,
저 푸른 바다는 이제 일어설 수 없다
총알이 억울함을 관통하면서
대 끊긴 한파는 너울성 피바람으로 매서워졌다
총성은 엎드린 자의 입을 봉하고
침묵을 삼킨 바다는 조류를 따라가지 못해
섬이 된,
처렁처렁 총알을 장전하는 파도가
소름처럼 성산일출봉에 떴다
파도가 높아 곡절도 높은
바람이 깊어 상처가 깊은 섬, 제주도에는
죽은 자의 별이 무시로 뜬다.

결로

너와 나 사이에 맺힌 감정에 물기가 맺힌다
촉촉하게 때로는 축축하게 ,

보는 곳은 같은데 느끼는 감각은 왜 다를까, 나는 솟대를 보고 농성이라고 말하고 너는 마천루라고 말한다. 나는 투기라 말하고 너는 투자라고 말했다. 골이 깊어서 나는 골짜기라고 말했는데 너는 반등의 기회라고 했다.

애당초 평등은 없었는지도 모를 일
탑을 쌓거나 담을 올려 경계를 만들며
서로에게 무관심할 뿐이다

비가 오지 않았는데도 안면이 흥건한 우리
나는 흐리고 너는 맑음 사이에서 불화가 젖는다

둘이 연애하면
감전돼서 좋겠다.

공평동은 공평하신가요

고무로 만들어 신고 벗기 편한 신神
우리의 기도가 그랬다는 얘기다
삐딱하게 기울어가는 그림자는 오후 5시
순전하지 않은 해가 빌딩에 걸려 넘어지고
못 볼 걸 봐야 하는 뉴스는
나쁘게 설정됐다
공평동 중심에 비가 내리고
한 블록 건너 조계사에선
불공평을 말하는 을이 단식농성 중이다
편치 않은 불합리한 거리가 불공평해도
저녁 시간이면 포장마차는 아무 일 없다는 듯
술 취한 새벽으로 자승자박 달린다
금기시된 이야기는 소주 몇 순배 돌면서
흥청망청 제공될 안줏거리
불공평한 이야기를 공평동에서 공평하게 나누면
세상이 공평해질까
공평하게 나누는 불공평한 술잔이

불경하게 기울고 안녕하냐고 묻는 안부가
안녕하지 않게 밝는다
사람의 안면은 좌우가 달라서
공평할 수 없어 슬프다.

견고한 내막

골목 같은 변명이 구불텅하다
하늘이 푸른 것도 음모라는데
선인장 가시가 정수리에서 자라고 있는 것을
구름을 보고 알았다
붙임성 있는 길목은 상냥하고
돌아서는 모퉁이는 사각이다
팍팍한 계절은 좌판을 깔고 야바위꾼처럼 쪼그리고 앉았다
불량한 주사위는 들키면 안 되는 손바닥에서 복사되고
사라진 동전에 대해 의아해 하는 눈은 백내장에 걸려
앞이 굼뜨다
검지에 낀 반지를 만지작대며 불면을 축도할 때
얼굴을 벗어난 눈물이 중언부언,
조급한 샛길은 목이 좁아 사리가 든다
예감하지 않은 사고일수록 추락의 속도는 빠르고
속 시원한 비밀이라고 대놓고 말하는 자세에서
거짓은 갑의 편이 된다

무엇을 말하든 간에 듣는 쪽은 약자,
내막은 은밀하게 터지는 지뢰이므로
단순하게 묻혀 있어도 위험하다
봄이 되면 내막이 녹는다
내가 본 것은 꽃망울이 아니라
다 썩은 뿌리였다 .

늙은 소녀

기억의 파편에 맞은 소녀가 죽었다
골절된 수줍음,
봄이 오기도 전, 동백처럼 떨어진 유언은
눈처럼 녹아내리고 소녀 젖가슴을 할퀴던 섬나라 이빨에 대해
결빙된 사무침은 게놈으로 남았다
겨울은 눈물 시린 계절
봄은 올 것이나 석화된 소녀는 꽃 피울 생각이 없다
새벽녘 자리끼 대신 반함을 문 프롤로그 없는 기행문
마침표가 없는 일대기는 서사적이다
없는 것 투성인 소녀는 주먹을 펴지 못했고
다시 돌아올 것을 약속하지 않았다
반성은 없고 변명만 늘어놓은 섬의 족적
지우려야 지울 수 없는 치욕은
결빙된 상여가로 구전될 것이다
몇 남지 않은 소녀가 풀피리처럼 울고
구천을 헤매는 소녀는 지금,

섬을 주저앉히기 위해
꿈을 꾸고 있는 것이다.

불손한 혀

칼을 빼면 무라도 썰어야 한다는 말을 믿지 마세요
무즙이 역겨워집니다

나도 모르게 세 치 검을 빼들고 여럿 죽였으니 나는
살인자이거나 최소한 살인을 부추긴 교사범,
칼집을 벗어난 칼은 폭도가 됩니다

칼잡이의 속성은 단칼에 목을 치는 거죠
망나니의 심술이 극에 달했습니다

칼을 맞고 덕수궁 돌담길을 걷다 보면
경음硬音화 된 화석을 목격합니다
눈물도 골격을 갖추고 있어서 단단한데요,
몇 천 년 후에 발견된 문장은
빙산이 될 겁니다

칼을 품은 자객이 자해를 하면

그땐 칼이 단풍 들었다고 말합니다
관광객들은 저것 보라며 손가락질할 땐
겨울이 오고 첫눈이 내립니다

녹슨 칼로 목을 벤다는 건 중의적 고문,
상처는 동지처럼 더디게 깊어집니다

예단은 앞일을 몰라서 죄가 성립하는데
예민하게 누군가 노리는 칼날 때문입니다

이혼을 바라지 않기에 오늘은
칼국수를 먹습니다

뜨거운 국물이 끝내줍니다.

월남 쌀국수

살이 타들어 간 한 그릇 쌀국수에
덤으로 강간의 시절을 포장해 왔다
육수에서 풍기는 고수 향기가 향수만은 아닐 듯
매운 핏물에 학살이 올려진 고명
식도를 넘어간 국수는 메콩강을 타고 한강에서
통증을 일으킨다
소녀상에 밴 슬픔의 수치가 상승한 만큼
사이공 임산부도 고통을 지폈을지도,
가해자는 두려움을 이기려 총을 잡았을 것이고
피해자는 총에 굴복할 수밖에 없어 나체가 되었을 것이다
어디서부터 잘못된 것일까
불운한 교차로에서 만난 리틀 사이공
서로가 서로에게 미안해 할 뿐
얼굴은 붉히지 않았다
한세월 지나고도 잊을 수 없는 슬픔
국수 값을 치루면서 나는
익숙지 않은 미소를 식탁에 두었다

한 그릇의 국수가 이렇게 뜨거울 수가,

늙은 소녀가 죽었다는 뉴스가

냅킨처럼 뽑혀 나간다.

빈곤 포르노그라피*

껍질을 벗겨내고 색 바랜 몸뚱어리를 봐요
뭉그러진 살을 보고 불쌍한 생각이 든다면
당신은 바나나를 싫어하는 사람입니다
불편한 친절은 학대일 수 있습니다
앵벌이도 요즘 바나나를 좋아하지 않는다죠
겨우 숨만 쉬는 식물은 대체로 온순한 종족
그렇다고 뿌리가 없을까요
딱딱한 바나나 끄트머리를 뿔이라고 우겨 봅니다
언젠가 황소처럼 들이받을지도 모를 일이죠
바나나를 연체동물이라 말하기도 하지만
흐물흐물한 사고방식엔 미끄덩한 상술이 있다는 것을,
뱀의 혓바닥과 바나나는 길다는 것이죠
본색을 욕구라고 봐도 될까요?
벗는다는 것과 벗겨낸다는 것은 관음의 시작입니다
바바리맨이나 하는 짓이죠
사랑이라고 말은 하는데요, 그건 사육입니다
아무 말 할 수 없을 땐 포옹하며 우는 거죠

제비 관절을 꺾은 놀부 심보라면
당신은 위험한 겁니다.

* 지구상의 사회적 약자들에게 부정적인 인식을 심어줄 수도 있는 광고를 '빈곤 포르노그라피'라고 부른다. 시각적으로 '자극적'인 장면을 연출해서 '포르노'란 말을 사용하게 된 것.

위로가 되지 못하는 위로

그 또한 지나갈 것이라고 위무하지 말자
지나갈 동안 내재된 고통은 죽음만큼 두려우니
그 또한 지나갈 일이라고 위로하지 말자
겪어 보지 않은 슬픔은 그 크기를 가늠할 수 없으나,
우리는 다 침식된 마음으로 사는 부랑자들
말하지 않아도 아픈 것을 알고
울지 않아도 슬픈 것을 안다
때로는 못 본 척 바라만 봐도 위로인 것을,
그저 손 내밀고 있어도 위안이 되는 것을,
지나갈 동안 겪는 지독한 아픔을 위로하는 것은
위로가 되지 못하는 것을.

힘의 논리

검정을 폭력적이라고 말하면
전염은 강해지고 내성은 약해진다
내밀한 감정일수록 드러나지 않는 흑역사
일획으로 그은 먹이 거칠게 퍼지면
붓에 길들여진 화선지는 고분고분,
이를테면 힘의 논리,
강한 쪽은 약한 쪽을 넘보고
약한 쪽은 강한 쪽에 물들어 가는 것
검정이 하양을 넘보는 건 틈이 아니라 기회다
지배당하는 습성을 가진 민족을 백의민족이라고 하나
옅은 색감일수록 온순한 사물들,
검정의 태도는 건방지므로 폭군 같고
먹이사슬처럼 배열된 색감은 오금 저려
한숨도 깊게 검다.

무지외반증

비틀린 욕심에는 삐뚤어진 사관이 있다
주관적 구속으로 쾌감을 느끼는 당신은 독재자
신발 뒷굽이 한쪽으로 닳는다
편향된 생각은 중심을 놓친 저울
유스티치아가 눈을 떴을 때 볼록거울로 바라보이는 사
물은
팽창되거나 수축된다
위험을 노리고 있다가 구석에서 무는 사각의 습성
살짝 놓친 각도가 사각의 이빨이라면
노출된 판단은 맹수의 먹잇감이다
힘에 짓눌려 멍이 든 발톱을 꽃물 들었다고 말하면 오해
신발의 권력은 힘으로 만든 틀,
등이 구부정해서 땅만 보고 다닌 척추를
겸손이라고 말하기도 하고
불가촉천민의 읍소라고 빈정대기도 한다
바깥으로 드러내지 못한 표현이 용종이라면
가래처럼 늘어지는 사고는 골절,

블랙리스트가 그랬고
화이트리스트가 그랬다
철사에 꽁꽁 묶인 분재를 보고 아름답다고 말하면,
당신은 이미 권력을 가진 것이다.

입주

봉창에 별이 콩처럼 튀는 날 도리깨질당한 별똥별이 수북한 이곳을 나는 달동네라 부른다

달을 먹어치우는 재건축에 골목이 틀니를 해박은 듯 단정해졌다
월세로 칸칸이 들어차 있던 토끼들은 다 어디로 숨어들었을까

삼천만 원 즉시 입주 가능, 빛 좋은 허공에 빛 좋은 현수막이 펄럭댄다

펄럭거리거나 흔들리는 것은 중심을 놓치고 주저앉고 말 것들, 썩은 이가 그랬고 사업에 실패한 내가 그랬다

이사에 신물 난 가장이 한 번도 써 본 일 없는 인감도장을 만지작,
이제 거미줄 같은 저 문장에 빚더미가 걸려들 일만 남

았다

이름을 고딕체로 반듯하게 인각한 것은 함부로 휘둘리지 말자는 의지겠지

매매 계약서에 날인을 할 때, 현수막은 살이 올라 허리띠를 풀고 있다.

보릿고개

지금 우리는 보릿고개를 넘고 있습니다

나뭇가지에 고봉밥이 널렸어도,
꽃가루 햇살로 건강식을 해 먹어도,
허기지는 슬픔을 어쩌지 못해
욕심을 채집하고 있습니다

외로운 유전자,
가시를 곧추세운 담벼락에 금단의 시기가 장미처럼 붉습니다
사람을 사랑하는 일이 유기견을 사랑하는 것보다
어려운 것을, 가시관을 두른 죄가 허세를 메고
골고다로 갑니다

살아도 죽은 영혼을 위해 넘어야 할 고개
당산마루에 복을 비는 오색천이 춤을 춥니다

불전함에 헌금함에 복 같은 복이 있기나 한 건지
바람난 신사임당은 가지 말아야 할 곳에서
웃고 있습니다

배는 부른데 배가 고픈 보릿고개
사는 일이 매번 흉년인가 봅니다.

—— Epilogue

이 시편들을 실밥 정리하듯 퇴고하면서 詩가 가지는 문학적 가치에 대해 고민했다. 시인이라면 숙명적 화두, "시란 무엇인가"에 대해 살펴보지 않을 수 없다. 그래서 시를 쓰는 내내, 썩어가는 어금니 같은 진통으로 몇 날 밤을 지새웠다.

시에 대해서 많은 선자들이 정의를 내렸으나, 나는 詩의 개념을 영적靈的가치와 현상적現象的가치로 나누어 정의하기로 했다. 좋은 시와 나쁜 시의 영역을 굳이 나눈다면, 나쁜 시는 우리 삶에 악영향을 끼칠 수 있는 것들이고, 반면 좋은 시는 나쁜 시와 반대로 선한 영향을 끼치는 것이다.

시가 문학적 가치를 발휘하기 위해서는 작품의 신선함,

또는 창조성을 말할 수밖에 없는데 좋은 시냐, 나쁜 시냐의 개념은 문학성과 다를 수 있다. 예를 들어, 독자들이 시를 읽는데 있어 좀 더 유연하게 읽히는 쪽, 다시 말해 어디서 본 듯 기시감이 있는 시가 독자들에게 흡수력이 빠르다고 볼 수 있을 것이고 반면 그렇지 않은 시는 독자가 선뜻 받아들이기에 부담스러운 면이 있다는 것인데 그것은 아마도 생소함 때문에 좋고 나쁨이 유보될 수밖에 없는 이유인 것이다. 그래서 좋은 시가 곧 문학적 가치를 지닌 시라고 말하기엔 다소 무리가 있다고 생각해 왔다.

현대 시창작은 '낯설게 하기'를 전격적으로 요구하는 시대다. 러시아 형식주의에서 비롯된 시창작법이 학문적으로 도입되면서 난해한 시 형식이 만들어졌는데 이것이 마치 시류처럼 돼 버린 시점에서 과연 이 방법이 좋은 시를 만들어내는 창작법인지, 신중히 고민해 볼 필요가 내겐 있었다.

무릇 예술은 새로운 것에 민감하다. 여태 볼 수 없었던 작품을 만들어내는 일이 예술가들이 지향하는 목표인데 그런 의미에서 보면 '낯설게 하기'가 가지는 목적성은 분명 일리가 있다. 그렇지만 '낯설게 하기'가 유행처럼 확산

되는 것에 대해 과연 올바른 방향인가는 의문이 들었다. 난해 시를 쓰고 이해하는 사람만이 고급독자이고 그렇지 않은 부류를 일반독자로 치부되는 행위, 고급과 일반의 편협하고 독단적인 편가름 때문에 독자들은 시에 대한 관심을 멀리해 왔고 그것이 곧 시가 독자들에게 외면 받는 이유가 된 것으로 봐 왔기 때문이다. 그래서 나는 '낯설게 하기'를 '새롭게 하기'로 이해하고 받아들이기로 했다. 새로운 언어 또는 이미지를 남이 발견하기 전에 내가 먼저 도출하는 것, 이것은 관조를 통한 발견이며 발명으로 이어지는 자연스러운 흐름이라고 볼 수 있는데 생소하지 않으면서 생소한, 새롭지 않은 것 같은데 새로운 기법을 만들어 내는 것을 말한다.

'낯설게 하기'가 바라는 원래의 목적이 생소함이다. 읽는 독자가 부담을 느끼도록 거칠게 다가가는 기법, 그런 점에서만 본다면 학문적으론 충분히 이해할 수 있다. 그런데 실제는 규칙에 의한 시창작(스토리텔링이 되지 않는 언어 조합)에 불과하다는 생각이 들었다. 이는 '낯설게 하기'를 비난하는 것이 아니라 이 방법은 시를 쓰는데 있어 유일한 시창작법이 아닐 수 있다는 것을 말하고 싶은 것이다 .

첫째, 시詩는 경經 이다.

시詩자를 분해하면 말씀 '언言'과 절 '사寺'로 나뉜다. 그렇다면 시詩는 절에서 나오는 말로 해석할 수 있는데 이는 곧 경經으로 이해해도 무방하다. 그런 의미에서 본다면 시詩를 쓰는 시인은 구도자라고 명명해도 될 법한 이유가 되겠다. 그것은 시적 사물을 재해석 하는 능력, 즉 깨우침을 얻기 위해 시인이 부단히 노력을 해야 함은 물론, 스스로 자정하는 노력을 게을리 해서는 안 되는 이유이기도 하다.

시인의 시성詩性은 종교인의 영성靈性과 일맥상통하다. 사물에 대한 깊은 통찰, 그것을 깨달아, 시상(영감靈感)을 도출해 가는 정성이야말로 아무나 할 수 없는 시인의 고유 능력이라 믿기 때문이다. 그런데 시상은 가만히 있어서 오는 것이 아니라 시인 자신이 갈구하고 찾아 헤맬 때 시상은 비로소 고삐를 내주는 법이다. 시인이 걸어가는 참된 모습은 어떤 것일까. 시를 쓰는데 시성詩性이 왜 필요하냐고 말하는 이도 있다. 시성詩性 없이 기술적으로 터득한 시도 시다. 그러나 결국 시인의 행동이 글과 일치가 되지 않아 생기는 문제, 즉 언행불일치로 인해 독자로부터 외면 받을 수도 있다는 점은 현재 나타난 여러 사례를 봐도 알 수가 있는 것이다. 시는 다른 장르와 다르게 함축과 은유, 비유의 집합체이다. 다시 말해 언어의 엑기스인 셈인데 절취부심 시성詩性을 도굴해내지 않으면 불가능한 분야가 시詩라는 것을 감안한다면 시인은 영적으로 시를 써야 하는 충분한 이유가 될 수 있다.

둘째, 詩는 발명품이다.

현존하는 물건을 더 이롭게 만드는 일, 다시 말해 없던 기능을 새롭게 적용시켜 효율적인 가치를 창조하는 면에서 시詩는 하나의 발명품이라고 말할 수 있다. 시詩는 예술, 문학적 측면으로 신선하게 창작돼야 한다는 것이 기본 개념일 것이다. 그러므로 없던 상품을 개발하는 사람을 우리가 발명가라 부르듯, 새로운 창작물을 개발하는 시인 역시 같은 맥락이므로 발명가라 불러도 무방할 듯싶다. 결론적으로 말하면 '새롭게 하기'의 형태를 설명한 것이다. 사물에 대하여 새로운 존재 가치를 부여하는 작업, 시인이 발명가 일 수밖에 없는 이유다 .

어떤 물건을 발명하기 위해서는 작동원리와 생산공정 등, 개선할 요인을 파악해야 하는 것이 기초절차이다. 이것을 시적으로 말할 때 관조라고 말한다. 시 소재에 대한 분석과 살핌, 이것은 시를 쓰는데 있어 가장 기본적 요소이다.

'낯설게 하기'만 강조된 시편은 단어변형에 중점을 두고 있는 것을 볼 수 있다. 각각의 부속품 (단어) 개발만 있고 전체 조립이 없는 형국이다. 시는 느끼는 것이 아니다. 언어가 이미지가 되었을 땐 느낄 수밖에 없는 전제가 되지만, 언어가 문장으로 구성이 되었을 땐 읽고 이해가 되지 않으면 그것은 아무것도 아니기 때문이다. 결국 발명자(시인)는 상품(詩)을 개발하는 것이 아니라 소재(단어)만 개발하여 미완성 제품을 개발한 것이나 마찬가지다. 작동하지 않는 발명품은 있으나마나다. 그런데도 시가 어려울수록 더 좋다고 우기는 이상한 형태가 맞는지에 대해 의문을 제기하는 이유다.

위에서 말한 첫째, 둘째가 조화롭게 구성될 수만 있다면 문학적으로 좋은 시라 말할 수 있을 것 같다. 이 시집에 실린 시편들이 우수한 시편이라고 말할 순 없지만, 최소한 앞서 말한 것들에 대해 고민을 거듭하고 쓴 것은 사실이다.

예술가는 기본적으로 혁명가적 기질을 타고 난다. 이유는 모든 예술 행위는 창조이므로 현실을 타파하는데 그 목적이 있기 때문이다. 나는 상징주의를 표방한다고 말할 수 있는데 이치를 깨닫고 발명하는 과정에서 시인은 당대 철학자가 돼야 한다는 생각은 지울 수가 없다. 과거형 상징주의가 아닌 신 상징주의로서 필요한 개척정신, 부족하지만 이 시집을 계기로 더욱 발전시켜나가는 것이 희망이며 새로운 영역으로 확장하는 것이 꿈이다. 졸시를 묶어 펴내면서 아직 부족하고 허술한 집이란 생각에 독자에게 더욱 조심스럽다.

이제 내가 할 일은 독자에게 무엇을 어떻게 줄 것인가만 남은 것 같다.

지금, 환승 중입니다

초판 1쇄 인쇄 | 2019년 10월 5일
초판 1쇄 발행 | 2019년 10월 10일

지은이 | 전선용
발행인 | 임채우
편집인 | 홍해리
편 집 | 방수영
펴낸곳 | 도서출판 움

등록번호 | 제2013-000006호(2008년 5월 2일)
01003 서울시 강북구 삼양로 159길 64-9
전화 | 02) 997-4293
전자우편 | urisi4u@hanmail.net

ISBN : 978-89-94645-52-0 (03810)

*잘못된 책은 바꾸어 드립니다.
*지은이와 협의하여 인지를 생략합니다.
*이 책의 판권은 지은이와 도서출판 움에 있습니다.
*이 도서의 국립중앙도서관 출판예정도서목록(CIP)은 서지정보유통지원시스템 홈페이지(http://seoji.nl.go.kr)와 국가자료공동목록시스템(http://www.nl.go.kr/kolisnet)에서 이용하실 수 있습니다.
(CIP제어번호 : 2019037902)